Gabi Vallenthin Gabi Schierz

LOWFETT 30

Salate zum Sattessen

Gabi Vallenthin Gabi Schierz

LowFett30

Salate zum Sattessen

südwest

Inhalt

Was ist LOW FETT 30

LOW FETT 30 ist die Umsetzung der Forderung: „Maximal 30 % der Nahrungsenergie (= Kalorien) sollen aus Fett kommen" – eine von 10 Vorgaben der Deutschen Gesellschaft für Ernährung (DGE) und diese hat seit bald 30 Jahren Gültigkeit.

Die „Fettformel"

$$\frac{\text{Gramm Fett} \times 9\ \text{kcal} \times 100}{\text{Gesamtkalorien}} = \%\ \text{der kcal aus Fett (Fettkalorien)}$$

Sie müssen dafür die Nährwertangaben von Lebensmitteln, also die Gramm Fett und die Gesamtkalorien in diese Formel einsetzen und schon wissen Sie den %-Anteil der Kalorien, die aus Fett stammen. Die Nährwertangaben finden Sie entweder auf den Verpackungen oder aber in den Nährwerttabellen unserer LOW FETT 30-Bücher.

Deutschland isst zu fett

Mehr als 55 % der Kalorien kommen in der bundesdeutschen Ernährung aus Fett. In Österreich ist das auch nicht viel anders. Zum einen liegt das am zunehmenden Konsum von Fertiggerichten, die häufig zu fett sind, aber auch an „schnellen" Zubereitungsarten wie Frittieren und Braten.

Hinzu kommt die Unsitte, an jedes Essen Schmand und Crème fraîche zu gießen oder Gemüse, Nudeln und Reis mit Butter zu „verfeinern". Dazu kommen die kleinen Käseorgien, der leckere Sahnequark und die fetten Joghurts, die Butter und fertige Antipasti (in Öl schwimmend, wie wäre es auch anders möglich), dann noch fettes Fleisch (weil fettes Fleisch und Wurst so billig geworden sind, dass wir sie uns jeden Tag leisten können) und schon haben wir das Resultat:

Jedes 4. Kind ist mittlerweile zu dick, mehr als 50 % der Erwachsenen haben Übergewicht und Koronarerkrankungen; Schlaganfälle und Gelenkprobleme nehmen rasend zu: zu viel Futter, zu wenig Bewegung.

LOW FETT 30 ist keine Diät

Im Gegensatz zu Diäten setzen wir uns für eine <u>dauerhafte</u> Fettreduktion auf breiter Front ein. Es macht keine Sinn, vier Wochen lang von 1200 Kalorien zu leben, damit hervorragend abzunehmen, um anschließend umgehend zu den alten Verhaltensmustern zurückzukehren – und alles wieder zuzunehmen.

Sie und Ihre Familie sollten generell fettärmer essen. Das ist für alle gesünder: Für die, die zu dick sind, genauso wie für die, die Normalgewicht haben. Die Empfehlung der DGE gilt für alle.

Bei Kindern kann man darauf vertrauen, dass sie sich „ihre" Fettration von alleine holen, falls es mal zu wenig sein sollte – vorausgesetzt, sie haben keine Essstörung.

Denn: Wenn Sie mal auf das natürliche Essverhalten von Kindern achten, bevorzugen diese von sich aus (fettfreies) Wassereis – und nicht das Sahneeis –, sie mögen keine Butter unter die Schmierwurst, sie sind nicht scharf auf fetten Käse sondern mögen lieber Frischkäse aufs Brot, sie ziehen Obstkuchen den fetten Torten vor. Aber wir, die Eltern, Omas und Patentanten, erziehen sie „erfolgreich" von klein auf zu Fressern. Dann mögen sie auf einmal die Bratwurst (aber nur die feine, weil man bei der anderen ja die „ekeligen Fettstückchen" sieht!) und die fetttriefenden Pommes. Auch oder gerade für Ihre Kinder ist eine normale fettärmere Ernährung sinnvoll.

LOW FETT 30-Ernährung ist die Norm

Auch wenn wir die extremen Bedingungen während der beiden Weltkriege abziehen, kann man sagen, dass sich die Menschen „früher" viel, viel fettärmer ernährt haben als in den letzten 50 Jahren in Mitteleuropa.

Die Menschen waren schlank, sehnig und sie starben nicht an Bluthochdruck und Herzinfarkten. Deren Ernährung und Bewegung plus die Möglichkeiten und Erkenntnisse der heutigen Medizin würden dafür sorgen, dass wir jetzt alle hundert Jahre würden. Durch unseren „Fortschritt" aber haben wir uns auch die „Wohlstands-Erkrankungen" aufgehalst … und es ist nicht mehr zu leugnen, dass wir uns mit Messer und Gabel selbst umbringen.

Bewegen Sie sich: mäßig aber regelmäßig

Ausdauersportarten wie Nordic Walking oder Fahrradfahren, Inlineskaten und moderates Joggen sind ideal, um den Fettpölsterchen zu Leibe zu rücken. Legen Sie sich eine Pulsuhr zu, mit der Sie Ihren optimalen Trainingspuls ermitteln können und legen Sie – am besten erst einmal unter Aufsicht eines guten Trainers – langsam (!!!) los. Es ist viel besser, sich von Woche zu Woche sanft zu steigern, als sich von heute auf morgen (mal wieder!) den „Sport" für die nächsten 5 Jahre durch den Mega-Muskelkater zu vergällen.

Trinken Sie ... WASSER

Wasser ist das natürlichste Getränk. Am besten ohne Kohlensäure. Damit es auch die geforderten zwei Liter werden, sollten Sie sich überall, wo Sie sich länger aufhalten, eine große Flasche Wasser hinstellen. Und daraus trinken, wenn Sie sie wahrnehmen. Falls Sie Wasser (noch) nicht pur runterkriegen, verdünnen Sie das Wasser am besten mit Fruchtsaft. Erst 50:50 … später verringern Sie die Dosis.

Entscheiden Sie sich nach Möglichkeit für „Direktsaft" aus der Kühltheke – ohne Zucker, versteht sich –, diese Säfte werden besonders gut vertragen.

Alle anderen Getränke – egal ob Kaffee, schwarzen Tee, alkoholische Getränke oder Limonaden (auch „light") sollten Sie nur in Maßen genießen. Sie gehören zu den Dingen, die zu unserer westlichen „Lebensart" zählen ... aber „gesund" sind sie nicht.

www.lowfat.de

Noch ein kleiner Hinweis für alle, die noch mehr über LOW FETT 30-Ernährung wissen wollen: Auf www.lowfat.de können Sie sich Rat und Hilfe holen und sich innerhalb einer wirklich netten Community austauschen.

Sie können hier Rezepte downloaden und beim „Schweinehund-Programm" mitmachen, Sie können sich die Adressen unserer Fitnesstrainer und -berater holen und dort erhalten Sie auch online-Kursmaterial ... kurzum: Wir lassen Sie nicht alleine. Wer auf LOW FETT 30 umsteigen will, findet hier wirklich ALLES was er dazu braucht. Viel Spaß ... wir sehen uns da!

Salate, die satt machen

Grünzeug raus, Kohlenhydrate rein

Mit Salat- und Gemüsesorten bleiben Sie nicht lange satt. Kohlenhydrate müssen her oder auch Eiweißträger wie Fleisch, Fisch oder Soja. Erprobt für Salate: Brot, Nudeln, Reis, Kartoffeln, ebenso Hülsenfrüchte wie Linsen, weiße Bohnen oder Erbsen. Auch verschiedene Getreidesorten (Weizen, Hafer & Co.) sind geeignet. Entscheiden Sie sich auch nach Möglichkeit für die vollwertigen Varianten, also Vollwertbrot, Vollkornnudeln und Vollkornreis. Ballaststoffe haben vielfältige Vorteile … die längere Sättigung ist nur einer davon.

Doppelnaht

Wenn Sie – was jeder gut nachvollziehen kann – für einen kleinen Bürosalat nicht extra Reis oder Nudeln kochen wollen, greifen Sie einfach zur Doppelnaht: Am Vorabend Spiralnudeln zu den Rouladen kochen (natürlich LOW FETT 30), gleich ein paar mehr ins Kochwasser werfen und am nächsten Tag einen „Spiralnudel-Salat" ins Büro mitnehmen. Es ist ein Stück Rinderbraten vom Wochenende übrig geblieben? Herrlich: Kleine Stückchen schneiden und auch daraus einen Salat kreieren.

Salatdressings

Aus fettarmen Zutaten wie Balsamico, Sojasauce oder Teriyaki-Marinade (Kikkoman), Joghurt, Ketchup, Gemüsesaft, Tomatenmark, Fruchtsaft, Apfelmus und süßem Senf lassen sich schon tolle Saucen zaubern. Da aber „Sattmacher" wie Kartoffeln, Nudeln, Fleisch und Fisch selbst Kalorien mitbringen, sind auch kleinere Mengen von Öl, Schmand, Sahne, Kondensmilch oder saurer Sahne kein Problem. Unsere Rezepte, in denen wir ja auch diese fetteren Lebensmittel verwenden – schließlich ist die Zusammensetzung entscheidend, nicht das einzelne Lebensmittel –, helfen Ihnen dabei, ein Gefühl für die richtigen Kombinationen zu entwickeln.

Witziges am Rande
Salat ist nach der chinesischen Ernährungslehre ein „Yin"-Lebensmittel – und den Yin-Lebensmitteln wird nachgesagt, dass sie kühlen. Es ist sicher kein Zufall, dass Blattsalate unter die typischen Sommergerichte gerade an heißen Tagen fallen. Und es ist sicher ebenso wenig Zufall, dass wir im Winter ziemlich wenig Lust auf Salat haben – und stattdessen lieber Eintopfgerichte und Braten essen (diese Speisen sind Yang – und man sagt ihnen nach, dass sie wärmen!). Wenn Sie dagegen Yang mit Yin kombinieren, beschreiten Sie die „goldene Mitte".

Viel Spaß beim Nachkochen …

Hinweise zu den Rezepten

Portionsgrößen
Im Kopf des Rezeptes steht jeweils, für wie viele Personen das Gericht ausgelegt ist. Wenn Sie für mehr oder weniger Personen kochen, erhöhen oder verringern Sie die Zutatenmengen entsprechend.

Zubereitungszeit
Hier steht die Zeit, die Sie benötigen, um das ganze Gericht zuzubereiten. Sollten dabei längere Zeitspannen auftreten, in denen Sie nichts damit zu tun haben, so haben wir diese Zeiten gesondert als Back-, Quell-, Kühl- oder Marinierzeit usw. aufgeführt.

Kalorien- und Nährwertangaben
Diese Werte beziehen sich immer auf eine Portion des Gerichts. Die Prozentangabe steht für die Fettkalorienprozente. Bitte beachten Sie, dass Nährwertangaben je nach Datengrundlage variieren. Außerdem unterliegen die Inhaltsstoffe ein und desselben Lebensmittels natürlichen Schwankungen. Unsere Angaben sind daher als Durchschnittswerte zu verstehen.

Zutatenmengen
Wenn nicht anders angegeben, gehen wir bei Obst und Gemüse von ungeputzter Rohware aus. Bei Stückangaben (zum Beispiel bei Zucchini, Paprikaschoten oder Brotscheiben) beziehen wir uns auf ein Stück mittlerer Größe.

Die Abkürzungen

TL	=	Teelöffel (gestrichen)
EL	=	Esslöffel (gestrichen)
Msp.	=	Messerspitze
g	=	Gramm (1000 g = 1 kg)
kg	=	Kilogramm
ml	=	Milliliter (1000 ml = 1 l)
l	=	Liter
kcal	=	Kilokalorien (oder einfach: Kalorien)
KH	=	Kohlenhydrate
ca.	=	circa
TK	=	Tiefkühl
evtl.	=	eventuell

Salate zum Sattessen

Falls Sie zu den Menschen gehören, die seit der Entscheidung für eine bessere Figur den Kartoffel- und Nudelsalaten hinterher weinen: In diesem Buch steckt die Lösung.

Leckere Salate, die perfekte Büro-Snacks abgeben – oder das Zeug haben, zum Liebling der nächsten Fete zu avancieren. Die satt machen, ohne zu belasten, die mit und ohne Fleischbeilage schmecken und von denen man gerne noch am nächsten Tag ein bisschen nascht.

Mexikanischer Reissalat mit Hackbällchen

Für 4 Personen • Zubereitungszeit: ca. 45 Minuten

Pro Portion 706,2 kcal • 94,3 g KH • 16,5 g Fett • 21,1 % Fettkalorien

- 200 g Langkornreis
- 200 ml Gemüsebrühe
- 200 ml Tomatensaft
- 800 g rote, gelbe und grüne Paprikaschoten
- 1 Bund Frühlingszwiebeln
- 1/2 Bund Koriander
- Korianderblättchen zum Garnieren
- 1 Dose Kidneybohnen (Abtropfgewicht 255 g)
- 100 ml rote Salsa (Fertigprodukt)
- 50 ml Apfelessig, 2 EL Rapsöl
- Salz, schwarzer Pfeffer aus der Mühle
- 1 kleine Zwiebel, 1 Knoblauchzehe
- 1 rote Chilischote
- 400 g Tatar
- 40 g Paniermehl
- 1 frisches Ei (Größe S)
- Tabasco rot
- Paprikapulver, rosenscharf
- 1 EL Sonnenblumenöl

1. Den Reis mit der Brühe und dem Tomatensaft in einen Topf geben und in etwa 20 Minuten garen. Den Reis in einem Sieb abschütten und abkühlen lassen.

2. Die Paprikaschoten waschen, putzen, Kerne und Trennwände entfernen und in Streifen schneiden. Die Frühlingszwiebeln waschen, putzen und in feine Ringe schneiden. Den Koriander waschen und trockenschütteln. Die Blättchen von den Stielen zupfen und bis auf ein paar zur Garnierung klein hacken. Die Bohnen abtropfen lassen.

3. Für das Dressing die Salsa, Essig und Rapsöl verrühren und mit Salz und Pfeffer abschmecken. Alle vorbereiteten Salatzutaten in eine große Schüssel geben, mit dem Dressing vermengen und durchziehen lassen.

4. Die Zwiebel und den Knoblauch abziehen und fein hacken. Die Chilischote putzen, längs halbieren, Kerne und Trennwände entfernen und waschen. Die Schote sehr fein hacken.

5. Das Tatar mit den Zwiebeln, dem Knoblauch, der Chilischote, dem Paniermehl und dem Ei in eine Schüssel geben. Alles kräftig mit Salz, Pfeffer, Tabasco und Paprikapulver würzen und gut vermengen. Aus der Masse etwa walnussgroße Bällchen formen.

6. Das Sonnenblumenöl in einer beschichteten Pfanne erhitzen und die Hackbällchen von allen Seiten braten. Den Salat auf 4 Tellern anrichten und jeweils mit 6 bis 8 Hackbällchen und den restlichen Korianderblättchen garnieren.

Schwäbischer Kartoffelsalat

Für 4 Personen • Zubereitungszeit: ca. 1 Stunde
Pro Portion 301,8 kcal • 48,8 g KH • 5,8 g Fett • 17,3 % Fettkalorien

400 ml Wasser
100 g Linsen
2 Würfel Gemüsebrühe
1 kg Kartoffeln
1 Zwiebel
2 Bund Radieschen
1 Packung Kresse
5 EL Weinessig
2 EL Sonnenblumenöl
1 Prise Pfeffer, frisch gemahlen

1. Das Wasser in einem Topf zum Kochen bringen, die Linsen zugeben und in ca. 40 Minuten gar kochen. Kurz vor Ende der Garzeit die Brühwürfel zugeben und auflösen.

2. Die Kartoffeln waschen, in der Schale kochen, noch warm schälen, in Scheiben schneiden und in eine große Schüssel geben. Die Linsen mit der Kochflüssigkeit zufügen und gut untermischen.

3. Die Zwiebel schälen und in kleine Würfel schneiden. Die Radieschen putzen, waschen und in Scheiben schneiden. Die Kresse waschen, die Blättchen abschneiden.

4. Alle Zutaten zu den Kartoffeln geben. Essig und Öl zufügen, mit Pfeffer würzen und abschmecken, lauwarm servieren.

Tipp: Am besten gelingt Ihr Salat, wenn Sie fest kochende Kartoffelsorten (z.B. Cilena, Linda, Nicola) verwenden. Durch den niedrigen Stärkegehalt behalten fest kochende Kartoffeln ihre Form.

< **Bohnensalat mit gebratenen Champignons**

- 500 g grüne Bohnen
- 300 g Champignons
- 5 Zweige glattblättrige Petersilie
- 2 EL Zitronensaft
- 50 g saure Sahne (10 % Fett)
- 150 g Joghurt (1,5 % Fett)
- Salz, weißer Pfeffer aus der Mühle
- Worcestersauce
- 100 g gewürfelter Schinken, mager

Bohnensalat mit gebratenen Champignons

Für 4 Personen • Zubereitungszeit: ca. 30 Minuten

Pro Portion 120,7 kcal • 9,3 g KH • 3,8 g Fett • 27,7 % Fettkalorien

1. Die Bohnen waschen, putzen und nach Belieben in Stücke schneiden. Die Champignons putzen. Größere Pilze halbieren oder vierteln.

2. Für das Dressing die Petersilie waschen und trockenschütteln, die Blättchen abzupfen und fein hacken. Die Petersilie mit dem Zitronensaft, der sauren Sahne und dem Joghurt verrühren. Mit Salz, einigen Spritzern Worcestersauce und Pfeffer würzen.

3. Die Bohnen in kräftig gesalzenem Wasser in etwa 10 Minuten bissfest kochen, in einem Sieb abgießen, abschrecken und abtropfen lassen. Noch warm mit dem Dressing vermengen.

4. Die Schinkenwürfel in einer beschichteten Pfanne ohne Fettzugabe 2 bis 3 Minuten knusprig braten und aus der Pfanne nehmen. Die Champignons im Bratfett unter ständigem Wenden anbraten und salzen. Die Champignons und den Schinken unter den Bohnensalat mengen und alles auf 4 Tellern anrichten.

350 g Weißkohl (ca. 1/4 Kopf)
3 Selleriestangen
1 roter Apfel (z. B. Jonagold)
30 g Rosinen
1 EL Mayonnaise (50 % Fett)
100 g Joghurt (1,5 % Fett)
Salz, Pfeffer aus der Mühle

Winterlicher Kohlsalat

Für 4 Personen • Zubereitungszeit: ca. 25 Minuten
Pro Portion 103,0 kcal • 10,5 g KH • 2,8 g Fett • 23,8 % Fettkalorien

1. Den Weißkohl vom Strunk sowie von den äußeren Blättern befreien und dann in feine Streifen schneiden. Die Selleriestangen putzen, waschen und in sehr feine Scheiben schneiden.

2. Den Apfel waschen, vierteln, entkernen und dann in dünne Spalten schneiden.

3. Den Weißkohl, den Sellerie und den Apfel mit den Rosinen in einer Schüssel vermengen. Die Mayonnaise und den Joghurt darunter rühren, mit Salz und Pfeffer würzen. Den Salat vor dem Servieren einige Minuten durchziehen lassen.

Fruchtiger Geflügelsalat

Für 4 Personen • Zubereitungszeit: ca. 30 Minuten

Pro Portion 290,0 kcal • 14,0 g KH • 9,5 g Fett • 29,5 % Fettkalorien

500 g Hähnchenbrustfilet ohne Haut

Salz, Pfeffer

2 EL Zitronensaft

500 g Erdbeeren oder Honigmelone

3 EL Estragonessig

2 EL mittelscharfer Senf

2 EL Zucker

1 Eigelb

250 ml Kaffeesahne (4 % Fett)

1 Eisbergsalat

30 g Pinienkerne

1. Das Hähnchenfilet abspülen, trockentupfen, mit Salz, Pfeffer und Zitronensaft einreiben. Das Fleisch braten und nach dem Abkühlen in mundgerechte Stücke schneiden.

2. Die Erdbeeren halbieren oder vierteln, die Honigmelone würfeln.

3. Für das Dressing Essig, Senf, Zucker und Eigelb in einem kleinen Topf bei geringer Hitze cremig rühren und von der Flamme nehmen. Die Kaffeesahne nach und nach unterschlagen.

4. Den Eisbergsalat in Stücke zupfen und in eine große Schüssel geben. Das Hähnchenfilet und die Früchte darauf verteilen und das Dressing darüber gießen.

5. Die Pinienkerne in einer Pfanne ohne Fett hellbraun rösten und über den Salat streuen.

TIPP: Achten Sie bei rohem Geflügel immer darauf, den Fleischsaft nicht auf andere Lebensmittel zu übertragen: Reinigen Sie Schneidebrett und Messer sofort und waschen Sie sich die Hände.

Kartoffel-Lachs-Salat

Für 4 Personen • Zubereitungszeit: ca. 55 Minuten
Pro Portion 271,3 kcal • 30,8 g KH • 8,5 g Fett • 29,3 % Fettkalorien

800 g fest kochende Kartoffeln

1 Zwiebel

175 ml Gemüsebrühe (Instant)

Salz

schwarzer Pfeffer aus der Mühle

40 g Brunnenkresse

2 – 3 grüne Salatblätter

4 EL gehackte, gemischte Kräuter (z. B. Petersilie, Schnittlauch, Dill)

2 EL kleine Kapern

6 EL Weißweinessig

1 TL Sonnenblumenöl

1 Prise Zucker

150 g Räucherlachs

1. Die Kartoffeln waschen und mit der Schale in wenig Wasser zugedeckt 25 Minuten kochen.

2. Die Zwiebel abziehen und fein würfeln. Die Gemüsebrühe in einem kleinen Topf aufkochen und die Zwiebel hinzufügen. Anschließend alles etwa 3 Minuten köcheln lassen.

3. Die noch heißen Kartoffeln pellen und in Scheiben schneiden. In eine Schüssel geben, mit der Zwiebelbrühe übergießen und mit Salz und Pfeffer würzen.

4. Die Brunnenkresse und die Salatblätter putzen, waschen, abtropfen lassen. Die Salatblätter in feine Streifen schneiden. Beides mit den Kräutern und den Kapern auf die Kartoffeln geben.

5. Eine Marinade aus Essig, Sonnenblumenöl, Salz, Pfeffer und Zucker anrühren und über den Salat geben. Sorgfältig vermischen, mit Salz und Pfeffer abschmecken und den Salat auf Tellern anrichten.

6. Den Räucherlachs in feine Streifen schneiden und auf dem Kartoffelsalat verteilen.

Bunter Spaghettisalat

Für 4 Personen • Zubereitungszeit: ca. 45 Minuten
Pro Portion 426,8 kcal • 61,5 g KH • 9,8 g Fett • 20,4 % Fettkalorien

250 g Spaghetti

Salz

1 EL Sonnenblumenöl

300 g Zucchini

300 g Möhren

150 g Rinderschinken (hauchdünn geschnitten)

2 EL Sojasauce

1 EL süßer Senf

2 EL Honig

2 – 3 EL Obstessig

Salz, schwarzer Pfeffer aus der Mühle

Zucker

2 EL Apfelsaft

2 EL Sesamöl

2 EL Sesamsaat

1. Die Spaghetti halbieren oder dritteln und in reichlich Salzwasser bissfest garen. Anschließend in ein Sieb schütten, abschrecken und gut abtropfen lassen.

2. Die Zucchini putzen, waschen und die Möhren schälen und waschen. Beides ebenso wie den Rinderschinken in dünne Streifen schneiden und in eine große Schüssel geben.

3. Aus Sojasauce, Senf, Honig, Essig, Salz, Pfeffer, Zucker, Apfelsaft und Sesamöl eine Marinade anrühren und über den Nudelsalat gießen und vorsichtig untermischen.

4. Die Sesamsaat in einer beschichteten Pfanne ohne Fettzugabe goldgelb rösten und über den Salat streuen.

Bohnen-Tomaten-Salat

Für 4 Personen • Zubereitungszeit: ca. 20 Minuten
Pro Portion 421,1 kcal • 54,4 g KH • 7,7 g Fett • 16,5 % Fettkalorien

1 Bund Frühlingszwiebeln
10 kleine Zweige frischer Thymian
2 Dosen weiße Bohnen à 280 g
600 g Fleischtomaten
2 EL Olivenöl
Saft einer Zitrone
1 Knoblauchzehe
Salz, Pfeffer aus der Mühle

1. Die Frühlingszwiebeln waschen, putzen, schräg in etwa 1 Zentimeter breite Ringe schneiden. Den Thymian waschen, trockenschütteln und von 6 Zweigen die Blättchen abzupfen.

2. Die Bohnen abgießen, 3 Esslöffel der Abtropfflüssigkeit auffangen. Die Bohnen in einem Sieb unter kaltem Wasser gut abspülen und abtropfen lassen. Die Tomaten kreuzweise einschneiden, überbrühen, häuten, entkernen und fein würfeln. Alle vorbereiteten Salatzutaten in einer Schüssel vermengen.

3. Das Öl mit dem Zitronensaft und der Bohnen-Abtropfflüssigkeit verrühren, die Knoblauchzehe abziehen und dazupressen. Das Dressing mit Salz und Pfeffer abschmecken und unter den Salat mischen. Den Bohnen-Tomaten-Salat in Portionsschüsselchen oder auf Teller geben und mit dem restlichen Thymian garnieren.

Hähnchensaté mit Reissalat

Für 4 Personen • Marinierzeit: ca. 1 Stunde • Zubereitungszeit: ca. 1 Stunde
Pro Portion 754,2 kcal • 102,5 g KH • 13,0 g Fett • 15,5 % Fettkalorien

300 g Langkornreis
600 ml Gemüsebrühe
3 TL Curry
1 Bund Frühlingszwiebeln
1 Netzmelone
1 Mango
2 Bananen
60 g Rosinen
1 Limette
600 g Hähnchenbrustfilets
1 EL Rapsöl
2 TL Erdnusscreme
Salz
8 Zweige Minze
250 g Joghurt (1,5 % Fett)
2 TL brauner Zucker

1. Den Reis in der Brühe mit 1 Teelöffel Curry aufkochen. Etwa 20 Minuten bei reduzierter Hitze mit geschlossenem Deckel kochen lassen, bis die Brühe aufgenommen und der Reis gar ist.

2. Die Frühlingszwiebeln waschen, putzen und schräg in 2 Zentimeter lange Stücke schneiden. Die Melone halbieren und mit dem Esslöffel die Kerne herausschaben. Die Schale entfernen und das Fruchtfleisch in Würfel schneiden. Die Mango schälen, den Stein entfernen und das Fruchtfleisch ebenfalls würfeln. Die Bananen schälen und in Scheiben schneiden. Die Rosinen waschen und trockentupfen. Die Limette halbieren und den Saft auspressen.

3. Alle vorbereiteten Zutaten in eine Schüssel geben. Den ausgekühlten Reis zufügen und alles verrühren.

4. Die Hähnchenbrust waschen, trockentupfen und in 1 Zentimeter breite und 12 Zentimeter lange Streifen schneiden. Öl, Erdnusscreme, Salz und 1 Teelöffel Curry zu einer Marinade verrühren. Je 2 bis 3 Fleischstreifen wellenartig auf 8 lange Holzspieße stecken. Die Marinade über die Spieße geben und alles zugedeckt im Kühlschrank etwa 1 Stunde marinieren.

5. Die Minze waschen und trockentupfen. Von 4 Zweigen die Blättchen abzupfen und fein hacken. Den Joghurt, 1 Teelöffel Curry, Zucker und die gehackte Minze verrühren und unter den Reissalat mischen.

6. Den Backofengrill auf 250 °C vorheizen. Die Spieße auf ein Blech mit Gitter geben und auf der oberen Schiene von beiden Seiten etwa 5 Minuten grillen. Den Reissalat auf 4 Tellern anrichten und dazu je 2 Fleischspieße reichen. Mit den restlichen Minzezweigen garnieren.

1 l Orangensaft

2 TL Hühnerbrühe, Instant

3 TL Sambal Oelek

Salz, Pfeffer

500 g Couscous

1 Bund glatte Petersilie,

1 – 2 EL Balsamico-Essig

Couscous-Salat

Für 4 Personen • Zubereitungszeit: ca. 30 Minuten

Pro Portion 522,6 kcal • 41,0 g KH • 0,5 g Fett • 0,9 % Fettkalorien

1. Den Orangensaft mit der Hühnerbrühe und Sambal Oelek aufkochen. Salz und Pfeffer hinzufügen, den Couscous einrühren und den Topf vom Herd nehmen. Kurz aufquellen lassen und durch ein Sieb abgießen. Kurz ruhen lassen, dann auf einem mit Backpapier ausgelegtem Backblech locker verteilen, sodass der Couscous nicht zusammenklebt. Erkalten lassen.

2. Die Petersilie grob hacken und unter das erkaltete Couscous mischen, mit Balsamico-Essig abschmecken. Kühl stellen.

Gemüse-Reissalat

Für 4 Personen • Zubereitungszeit: ca. 1 Stunde • Zeit zum Durchziehen: ca. 15 Minuten
Pro Portion 398,3 kcal • 55,8 g KH • 12,8 g Fett • 28,8 % Fettkalorien

200 g Langkornreis

etwas Salz

1 kleine Dose Gemüsemais (ca. 150 g Abtropfgewicht)

1 kleine Salatgurke

4 Frühlingszwiebeln

3 Tomaten

150 g Geflügelwurst, mager (20 % Fett)

150 g TK-Erbsen

3 EL Weißweinessig

1 TL Sambal Oelek

1 Knoblauchzehe

2 EL Sonnenblumenöl

etwas schwarzer Pfeffer aus der Mühle

1 Bund krause Petersilie

1. Den Reis nach Packungsanweisung in Salzwasser garen. Den Mais abtropfen lassen, die Flüssigkeit auffangen.

2. Die Gurke waschen, putzen, zuerst längs halbieren und dann quer in Scheiben schneiden. Die Frühlingszwiebeln waschen, putzen und in Ringe schneiden. Die Tomaten waschen, den Stielansatz entfernen und achteln.

3. Die Geflügelwurst in feine Streifen schneiden und mit den tiefgekühlten Erbsen und den vorbereiteten Salatzutaten in einer Schüssel vermischen.

4. Den Essig mit dem Sambal Oelek in einer kleinen Schüssel verrühren. Die Knoblauchzehe schälen und dazupressen. Das Öl und 5 Esslöffel der Mais-Abtropfflüssigkeit darunter schlagen und alles mit Salz und Pfeffer würzen.

5. Die Marinade unter den Salat mengen und diesen etwa 15 Minuten durchziehen lassen. Die Petersilie waschen, trockenschütteln, fein hacken und kurz vor dem Servieren auf den Salat streuen.

Kartoffelsalat Parma

Für 4 Personen • Zubereitungszeit: ca. 55 Minuten • Marinierzeit: 30 Minuten
Pro Portion 229,0 kcal • 30,0 g KH • 7,5 g Fett • 29,6 % Fettkalorien

750 g fest kochende Kartoffeln

etwas Salz

1/2 TL Kümmel

4 EL Weißweinessig

etwas schwarzer Pfeffer aus der Mühle

1 EL Olivenöl

1 EL Walnussöl

4 EL Gemüsebrühe

1 – 2 Knoblauchzehen

200 g Zucchini

100 g Champignons

1 EL Zitronensaft

1/2 Bund Rucola

30 g Parmesan

1. Die Kartoffeln waschen und ungeschält in wenig Wasser, mit etwas Salz und den Kümmelkörnern 25 bis 30 Minuten kochen.

2. Eine Marinade aus Essig, Salz, Pfeffer, Olivenöl, Walnussöl und Gemüsebrühe zubereiten. Die Knoblauchzehen schälen und durch die Presse in die Marinade drücken.

3. Die Zucchini putzen, waschen und ungeschält in dünne Scheiben schneiden. Die Champignons putzen und ebenfalls in dünne Scheiben schneiden. Die Pilze sofort mit dem Zitronensaft beträufeln.

4. Die Kartoffeln pellen und je nach Größe vierteln oder achteln. Dann noch warm mit den Zucchini- und Champignonscheiben und der Marinade vermengen.

5. Den Kartoffelsalat etwa 30 Minuten durchziehen lassen, dabei ab und zu umrühren und anschließend mit Salz und Pfeffer abschmecken.

6. Den Rucola putzen, waschen und gut trockenschütteln. Den geriebenen Parmesankäse unter den Salat mischen und den Rucola unterheben.

Schleifchennudeln mit Pfifferlingen

Für 4 Personen • Zubereitungszeit: ca. 1 1/4 Stunde • Zeit zum Durchziehen: ca. 1 Stunde
Pro Portion 361,3 kcal • 42,8 g KH • 10,3 g Fett • 25,5 % Fettkalorien

3 Zweige Estragon

1/2 Bund Kerbel

200 g saure Sahne

4 EL Roséwein

Salz, schwarzer Pfeffer aus der Mühle

200 g Schleifchennudeln

150 g frische Pfifferlinge

1 Zwiebel

1 Bund Frühlingszwiebeln

150 g Parmaschinken in dünnen Scheiben, ohne Fettrand

1 TL Olivenöl

1. Die Kräuter unter fließendem kalten Wasser abwaschen, trockenschütteln und bis auf ein paar zum Garnieren sehr fein hacken.

2. Die saure Sahne mit dem Wein verrühren und mit Salz und Pfeffer abschmecken. Die Kräuter unterrühren und alles zugedeckt im Kühlschrank etwa 1 Stunde durchziehen lassen.

3. Die Nudeln in reichlich kochendem Salzwasser bissfest kochen, auf ein Sieb geben und gut abtropfen lassen.

4. Die Pfifferlinge putzen, nicht waschen, nur mit einem Pinsel säubern. Die Zwiebel abziehen und fein hacken.

5. Die Frühlingszwiebeln putzen, waschen und in feine Ringe schneiden. Die Schinkenscheiben in sehr feine Streifen schneiden.

6. Das Öl in einer beschichteten Pfanne erhitzen. Die Zwiebeln darin glasig braten, die Pfifferlinge zugeben und gut anbraten. Herausnehmen und abkühlen lassen.

7. Die Nudeln mit der Pilz-Zwiebel-Mischung, den Schinkenstreifen und den Frühlingszwiebeln in einer großen Schüssel vermischen. Das Dressing darauf geben und vorsichtig unterheben. Den Salat vor dem Servieren etwa 1 Stunde ziehen lassen. Mit den zurückbehaltenen Kräutern garnieren.

Reisnudelsalat mit Hähnchen

Für 4 Personen • Zubereitungszeit: ca. 1 1/2 Stunde

Pro Portion 276,3 kcal • 20,3 g KH • 8,8 g Fett • 28,4 % Fettkalorien

125 g chinesische Reisnudeln

3 EL helle Sojasauce

1 TL chinesische Chilisauce

3 EL Reisweinessig

2 TL Erdnussöl

2 TL Sesamöl

400 g Hähnchenbrustfilet

Brat- und Backfolie

Salz, weißer Pfeffer aus der Mühle

1 kleiner Eisbergsalat

1/2 Bund Frühlingszwiebeln

3 cm Ingwerknolle

50 g Cashewnüsse

einige Zweige Koriandergrün

1. Die Reisnudeln in heißes Wasser legen und etwa 15 Minuten einweichen. Die Nudeln anschließend noch etwa 5 Minuten in kaltes Wasser legen, abgießen und die Reisnudeln auf Küchenkrepp leicht antrocknen lassen.

2. Die Sojasauce, die Chilisauce, den Reisweinessig, 2 Teelöffel Erdnussöl und das Sesamöl verrühren und alles etwa 15 Minuten durchziehen lassen.

3. Die Hähnchenbrustfilets kalt abwaschen, mit Küchenkrepp trockentupfen. Eine Pfanne mit Bratfolie auslegen und die Hähnchenbrustfilets darin ohne Zugabe von Fett braten. Herausnehmen, mit Salz und Pfeffer würzen und in feine Streifen schneiden.

4. Den Eisbergsalat putzen und die Blätter ablösen. Dabei die Strunkansätze und die festen Blattrippen entfernen. Die Blätter waschen, trockenschütteln und in feine Streifen schneiden. Die Frühlingszwiebeln putzen, waschen und in Ringe schneiden. Die Ingwerknolle schälen und mit den Nüssen feinhacken.

5. Die Nudeln, die Salatstreifen, die Frühlingszwiebeln und das Hähnchenfleisch in einer großen Schüssel vermischen. Nun das Dressing darüber gießen, gut untermischen und alles mit den Nüssen und dem Ingwer bestreuen.

6. Die Korianderblätter von den Stielen zupfen, waschen, trockenschütteln und fein hacken. Das Koriandergrün auf den Salat streuen.

Grünkernsalat

Für 4 Personen • Quellzeit: ca. 12 Stunden • Zubereitungszeit: ca. 40 Minuten • Marinierzeit: ca. 30 Minuten
Pro Portion 271,2 kcal • 38,7 g KH • 7,7 g Fett • 25,5 % Fettkalorien

150 g Grünkern

300 ml Gemüsebrühe

8 Möhren

2 säuerliche Äpfel

etwas Zitronensaft

4 Frühlingszwiebeln

2 hart gekochte Eier

2 TL milder Senf

4 EL Weißweinessig

1 EL Distelöl

6 EL Gemüsebrühe für das Dressing

Salz, schwarzer Pfeffer aus der Mühle

1. Den Grünkern über Nacht in Wasser einweichen. Den gequollenen Grünkern mit der Gemüsebrühe aufkochen, etwa 15 Minuten garen und abkühlen lassen.

2. Die Möhren und die Äpfel waschen und schälen. Das Kerngehäuse der Äpfel entfernen. Die Möhren und die Äpfel raspeln und sofort mit Zitronensaft beträufeln. Die Frühlingszwiebeln waschen, putzen und in feine Ringe schneiden.

3. Die Eier schälen und in kleine Würfel schneiden. Senf, Essig, Distelöl und Gemüsebrühe zum Dressing verrühren und mit Salz und Pfeffer abschmecken.

4. Den Grünkern mit den Möhren, den Äpfeln und Frühlingszwiebeln vermengen. Das Dressing untermischen und den Salat etwa 30 Minuten durchziehen lassen. Den Grünkernsalat anrichten und mit den Eierwürfeln garnieren.

< Grünkernsalat

400 g Penne Rigate
150 g Staudensellerie
150 g Cocktailtomaten
1 Glas Artischockenherzen
150 g Joghurt (1,5 % Fett)
1 EL Balsamico bianco
80 g Thunfisch, naturell (Dose)
5 EL Mineralwasser
Kräutersalz, Pfeffer aus der Mühle
1 EL Kapern
2 EL Schnittlauchröllchen

Nudelsalat mit Thunfischsauce

Für 4 Personen • Zubereitungszeit: ca. 30 Minuten
Pro Portion 410,0 kcal • 83,3 g KH • 1,5 g Fett • 3,3 % Fettkalorien

1. Die Nudeln nach Anweisung auf der Packung zubereiten, abschrecken und abtropfen lassen.

2. Den Staudensellerie putzen, waschen und in dünne Scheiben schneiden. Die Cocktailtomaten waschen und halbieren. Die Artischockenherzen abtropfen lassen und in Viertel schneiden. Alles unter die Nudeln mischen.

3. Den Joghurt mit Balsamessig, Thunfisch und Mineralwasser pürieren, mit Kräutersalz und Pfeffer abschmecken. Kapern zugeben und die Salatsauce mit den Salatzutaten mischen. Mit Schnittlauch bestreut servieren.

Tipp: Der Salat eignet sich auch gut für ein Picknick.

Thunfisch-Nudelsalat

Für 4 Personen • Zubereitungszeit: ca. 30 Minuten • Marinierzeit: ca. 1 Stunde
Pro Portion 559,0 kcal • 63,8 g KH • 16,6 g Fett • 26,7 % Fettkalorien

400 g Nudeln, z. B. Tortellini
Salz
1 kleine Zwiebel
1/2 Bund Basilikum
4 Fleischtomaten
2 gelbe Paprikaschoten
2 Dosen Thunfisch im eigenen Saft (à 150 g)
4 EL Rotweinessig
2 EL Olivenöl
schwarzer Pfeffer aus der Mühle

1. Die Nudeln nach Packungsanweisung in reichlich gesalzenem Wasser garen, abgießen, abschrecken und auskühlen lassen.

2. Die Zwiebel abziehen und fein hacken. Das Basilikum waschen, trockentupfen, die Blättchen von den Stielen zupfen und in feine Streifen schneiden.

3. Die Tomaten kreuzweise einschneiden, überbrühen, häuten, entkernen und würfeln. Die Paprikaschoten waschen, putzen, die Kerne und Trennwände entfernen und in feine Streifen schneiden.

4. Den Thunfisch abtropfen lassen und mit einer Gabel zerkleinern. Die Nudeln, das Gemüse, die Zwiebel und das Basilikum mit dem Thunfisch in eine Schüssel geben und alles gut vermengen.

5. Den Essig, das Öl, Pfeffer und Salz zum Dressing verrühren und über die Salatzutaten geben. Den Salat vor dem Servieren etwa 1 Stunde im Kühlschrank durchziehen lassen.

Diabolosalat

Für 4 Personen • Zubereitungszeit: ca. 1 Stunde • Zeit zum Durchziehen: ca. 30 Minuten
Pro Portion 176,0 kcal • 9,5 g KH • 5,8 g Fett • 29,6 % Fettkalorien

3 Rinderkluftsteaks à 100 g

1 TL Öl

Salz, schwarzer Pfeffer aus der Mühle

1 Ei

je 1 rote und grüne Paprikaschote

2 Zwiebeln

4 Tomaten

2 Gewürzgurken

5 EL Tomatenketchup

2 EL Mayonnaise, z. B. Miracel Whip Balance

1 TL Rapsöl

1 EL Weißweinessig

Cayennepfeffer

Paprikapulver, rosenscharf

Zucker

2 Spritzer Tabasco

1. Das Fleisch kalt abwaschen und trockentupfen. Das Öl in einer beschichteten Pfanne erhitzen und die Steaks darin beidseitig etwa 1 Minute anbraten. Mit Salz und Pfeffer würzen. Das Fleisch dann auf beiden Seiten je etwa 4 Minuten braten, herausnehmen und abkühlen lassen.

2. Das Ei in kochendem Wasser etwa 10 Minuten hart kochen, kalt abschrecken, pellen und in Scheiben schneiden.

3. Die Paprikaschoten putzen, waschen, vierteln, die Kerne und Trennwände entfernen und in feine Streifen schneiden. Die Zwiebeln abziehen, halbieren und in hauchdünne Scheiben schneiden.

4. Die Tomaten kreuzweise einschneiden, überbrühen, häuten, entkernen und würfeln. Die Gurken abtropfen lassen und in Scheiben schneiden. Das abgekühlte Fleisch in feine Streifen schneiden. Alle vorbereiteten Zutaten in einer Salatschüssel mischen.

5. Den Tomatenketchup mit der Mayonnaise, dem Öl und dem Essig verrühren und mit Cayennepfeffer, Paprika, Zucker und Tabasco pikant abschmecken. Das Dressing auf den Salat gießen, vorsichtig untermengen und alles im Kühlschrank etwa 30 Minuten durchziehen lassen.

Roter Linsensalat

Für 4 Personen • Keimzeit: ca. 4 Tage • Zubereitungszeit: ca. 45 Minuten
Pro Portion 207,5 kcal • 26,3 g KH • 4,3 g Fett • 18,8 % Fettkalorien

100 g braune Linsen

100 g rote Linsen

Salz

2 Kolben Chicoree

200 g Feldsalat

2 Stangen Lauch

Saft von 2 Orangen

3 EL Estragonessig

1 EL Traubenkernöl

schwarzer Pfeffer aus der Mühle

1. Die braunen Linsen waschen, in einen Keimbehälter geben und zwei- bis dreimal täglich mit etwas Wasser begießen. Nach 3 bis 4 Tagen keimen die Linsen. Die Keime vor der weiteren Verwendung gut abspülen.

2. Die roten Linsen in Salzwasser etwa 5 Minuten garen und abtropfen lassen. Den Chicoree waschen, putzen und klein schneiden. Den Feldsalat waschen und putzen. Den Lauch waschen, putzen und in feine Streifen schneiden. Alles mit den Linsenkeimen in eine Schüssel geben.

3. Für das Dressing Orangensaft, Essig und Öl verrühren, salzen und pfeffern, über die Salatzutaten geben und alles gut vermischen.

Salat aus 1001 Nacht

Für 4 Personen • Zubereitungszeit: ca. 45 Minuten • Marinierzeit: ca. 30 Minuten
Pro Portion 553,7 kcal • 54,2 g KH • 14,0 g Fett • 23,7 % Fettkalorien

400 g Hähnchenbrustfilet ohne Haut

Salz, schwarzer Pfeffer aus der Mühle

1 TL Kreuzkümmel

1 TL Curry

$^1/_2$ TL Paprikapulver, rosenscharf

2 EL Sonnenblumenöl

600 g Auberginen

$^1/_2$ TL Zimt

$^1/_4$ TL gemahlene Nelken

1 Bund Minze

200 g Joghurt (1,5 % Fett)

2 TL Honig

$^1/_4$ TL Zimt

$^1/_4$ TL Kreuzkümmel

400 g Kichererbsen (Dose)

4 EL fein gehackte glattblättrige Petersilie

1. Das Hähnchenfleisch waschen, trockentupfen, Fett und Sehnen abschneiden und in mundgerechte Stücke teilen.

2. Salz, Pfeffer, $^1/_2$ Teelöffel Kreuzkümmel, Curry, Paprika und 1 Esslöffel Sonnenblumenöl verrühren, über das Fleisch geben und 30 Minuten ziehen lassen.

3. Die Auberginen waschen, putzen und in Scheiben schneiden. 1 Esslöffel Öl in einer beschichteten Pfanne erhitzen und die Auberginenscheiben in Portionen nacheinander anbraten. Eventuell etwas Wasser in die Pfanne geben. Die Scheiben mit Zimt, Nelken, dem restlichen Kreuzkümmel, Salz und Pfeffer würzen.

4. In derselben Pfanne ohne weiteres Fett das Hähnchenfleisch mit der Marinade anbraten.

5. Für das Dressing die Minze waschen und trockentupfen, die Blättchen von den Stielen zupfen und fein hacken. Den Joghurt, den Honig, Zimt, Kreuzkümmel, Salz, Pfeffer und Minze verrühren.

6. Die Kichererbsen auf einem Sieb abtropfen lassen und mit den Auberginen, dem Hähnchenfleisch und der Petersilie auf einer großen Platte anrichten. Die Joghurtsauce darüber verteilen.

Spaghettisalat mit Spinat und Tomaten

Für 4 Personen • Zubereitungszeit: ca. 40 Minuten • Marinierzeit: ca. 1 Stunde
Pro Portion 610,8 kcal • 87,5 g KH • 18,5 g Fett • 27,4 % Fettkalorien

400 g Spaghetti
100 g getrocknete Tomaten
Salz
2 Zwiebeln
3 Knoblauchzehen
2 Zucchini
400 g Spinat
1 TL Olivenöl
Pfeffer aus der Mühle
40 g Pinienkerne
50 g Parmesan
1 Bund glattblättrige Petersilie
1/2 Bund Basilikum
2 EL Olivenöl
8 EL Tomatenketchup
4 EL Tomatenmark
4 EL Aceto balsamico bianco

1. Die Spaghetti nach Packungsangabe in Salzwasser bissfest kochen, mit kaltem Wasser abschrecken und in 5 bis 6 Zentimeter lange Stücke schneiden. Die getrockneten Tomaten 10 Minuten in heißem Wasser einweichen, herausnehmen und in sehr feine Würfel schneiden.

2. Die Zwiebeln und den Knoblauch abziehen und feinhacken. Die Zucchini waschen, putzen, halbieren und in Scheiben schneiden. Den Spinat gut waschen, putzen, abtropfen lassen und in mundgerechte Stücke zupfen.

3. 1 Teelöffel Olivenöl in einer beschichteten Pfanne erhitzen und die Zwiebeln und den Knoblauch dünsten. Die Zucchinischeiben hinzufügen und von beiden Seiten anbraten, bei Bedarf etwas Wasser hinzufügen. Alles mit Salz und Pfeffer würzen.

4. Die Pinienkerne ohne Fett in einer Pfanne unter Rühren rösten. Die Kerne auf einem Teller auskühlen lassen. Den Parmesan in große Späne hobeln.

5. Für das Dressing Petersilie und Basilikum waschen, trockenschütteln, die Blättchen von den Stielen zupfen und fein hacken. Das Olivenöl, den Ketchup, das Tomatenmark, den Essig, Salz und Pfeffer verrühren. Die Kräuter hinzufügen. Alle Salatzutaten außer den Pinienkernen und dem Parmesan in eine große Salatschüssel geben. Das Dressing darüber verteilen und alles vermengen. Den Salat etwa 1 Stunde durchziehen lassen. Vor dem Servieren mit den Pinienkernen und dem Parmesan garnieren.

Salat Nizza

Für 4 Personen • Zubereitungszeit: ca. 45 Minuten

Pro Portion 362,0 kcal • 36,8 g KH • 11,5 g Fett • 28,5 % Fettkalorien

2 Eier

5 große Tomaten

1 Salatgurke

4 kleine violette Artischocken

$^1/_2$ Zitrone

2 grüne Paprikaschoten

4 Frühlingszwiebeln

1 Dose Thunfisch im eigenen Saft (150 g)

12 Sardellenfilets (Glas)

1 Knoblauchzehe

50 g schwarze Oliven

2 Zweige Basilikum

2 TL Olivenöl

100 ml Gemüsebrühe

Salz, Pfeffer aus der Mühle

1. Die Eier in kochendem Wasser etwa 10 Minuten hart kochen, abschrecken, pellen, halbieren und abkühlen lassen.

2. Die Tomaten, die Gurke und die Artischocken waschen und trockentupfen. Die Tomaten vierteln und die Gurke in dünne Scheiben schneiden. Die Artischocken halbieren und die Stiele abschneiden. Die bitteren Blattenden mit der Schere um etwa 1 Zentimeter kürzen. Alle Schnittflächen mit der Zitrone abreiben, damit sie nicht braun werden.

3. Die Paprikaschoten waschen, halbieren, Kerne und Trennwände entfernen und in dünne Streifen schneiden. Die Frühlingszwiebeln putzen, waschen und in Ringe schneiden.

4. Den Thunfisch abtropfen lassen und mit der Gabel zerkleinern. Die Sardellenfilets unter kaltem Wasser abspülen und mit Küchenkrepp trockentupfen.

5. Den Knoblauch abziehen, halbieren und eine große Schüssel gut damit ausreiben. Alle Salatzutaten darin mit den Eihälften, dem Thunfisch, den Sardellen und den Oliven dekorativ verteilen. Den Salat kühl stellen.

6. Für die Marinade das Basilikum waschen, trockentupfen, die Blätter abzupfen und anschließend fein hacken. In einer kleinen Schüssel das Olivenöl und die Gemüsebrühe mit etwas Salz und Pfeffer verrühren. Das Basilikum darunter rühren und die Marinade über den Salat geben.

Herbstlicher Salat mit Orangendressing

Für 4 Personen • Zubereitungszeit: ca. 30 Minuten
Pro Portion 61,5 kcal • 5,8 g KH • 1,5 g Fett • 23,0 % Fettkalorien

1 kleiner Kopf Radicchio
1/2 Kopf Eichblattsalat
1/2 Kopf Kopfsalat
1 Bund Radieschen
150 g Salatgurke
1 rote Zwiebel
1 TL Orangenmarmelade
3 EL Orangensaft
2 EL Balsamessig
2 EL Gemüsebrühe
2 TL Sonnenblumenöl
Salz, Pfeffer aus der Mühle
Zucker
1/2 Bund Zitronenmelisse

1. Die Salate putzen, waschen und klein zupfen. Dabei feste Blattrippen und Strunkansätze entfernen. Alles trockenschütteln.

2. Die Radieschen putzen, waschen, trockenreiben und in dünne Scheiben schneiden. Die Gurke bei Bedarf schälen und in dünne Stifte schneiden, die Zwiebel abziehen und in dünne Ringe schneiden. Alle vorbereiteten Salatzutaten in einer großen Schüssel miteinander vermengen.

3. Die Orangenmarmelade in einem kleinen Topf bei geringer Hitze erwärmen, vom Herd nehmen und den Orangensaft, den Balsamessig und die Gemüsebrühe unterrühren. Das Öl darunter schlagen und das Dressing mit Salz, Pfeffer sowie Zucker süßsäuerlich abschmecken.

4. Die Zitronenmelisse waschen, trockenschütteln und die Blätter von den Stielen zupfen. Die Blätter fein hacken und unter das Dressing rühren und den Salat damit beträufeln.

Tabbouleh

Für 4 Personen • Zubereitungszeit: ca. 30 Minuten • Marinierzeit: ca. 30 Minuten

Pro Portion 278,3 kcal • 42,2 g KH • 7,5 g Fett • 24,3 % Fettkalorien

400 ml Gemüsebrühe (Instant)

200 g Bulgur

1 Bund Frühlingszwiebeln

4 mittelgroße Tomaten

1 Bund glatte Petersilie

½ Bund Minze

4 EL Zitronensaft, 2 EL Olivenöl

Salz, schwarzer Pfeffer aus der Mühle

1. Die Gemüsebrühe in einem kleinen Topf aufkochen lassen. Den Bulgur hineinstreuen und bei schwacher Hitze gut zugedeckt knapp 10 Minuten quellen lassen. Anschließend den Bulgur abtropfen und abkühlen lassen.

2. Die Frühlingszwiebeln waschen, putzen und in feine Ringe schneiden. Die Tomaten waschen, halbieren, entkernen und klein würfeln.

3. Die Petersilie und die Minze waschen, trockentupfen und die Blätter grob hacken. Die Kräuter mit den Frühlingszwiebeln, den Tomaten und dem Bulgur mischen.

4. Den Zitronensaft mit dem Olivenöl, Salz und Pfeffer verquirlen. Die Marinade über die übrigen Zutaten gießen und vorsichtig vermengen. Den Salat herzhaft abschmecken und falls er zu trocken ist, noch etwas Gemüsebrühe untermischen. Vor dem Servieren mindestens 30 Minuten ziehen lassen.

Tipp: Tabbouleh, Salat mit Bulgur, stammt ursprünglich aus dem Libanon, ist heute aber in ganz Nordafrika und im Mittelmeerraum zu finden. Probieren Sie doch auch mal andere Rezepte statt mit Reis oder Nudeln mit Bulgur.

Kartoffelsalat italienischer Art

Für 4 Personen • Zubereitungszeit: ca. 35 Minuten • Marinierzeit: ca. 1 Stunde
Pro Portion 297,6 kcal • 41,3 g KH • 9,5 g Fett • 28,7 % Fettkalorien

1 kg kleine Kartoffeln
Salz
1 Zwiebel
1 Knoblauchzehe
50 g entsteinte schwarze Oliven
5 EL Kräuteressig
3 EL Gemüsebrühe
1 EL Pesto
schwarzer Pfeffer aus der Mühle
1 EL Olivenöl
300 g Cocktailtomaten
1/2 Bund Basilikum
100 g Joghurt (1,5 % Fett)
50 g Magerquark

1. Die Kartoffeln waschen und in leicht gesalzenem Wasser 20 Minuten garen.

2. Die Zwiebel und den Knoblauch schälen und fein hacken. Die Oliven in feine Scheiben schneiden.

3. Den Essig mit 4 Esslöffel Wasser, der Gemüsebrühe, dem Pesto, Salz, Pfeffer und Olivenöl aufschlagen. Die gegarten Kartoffeln, halbieren und noch warm mit den Oliven und der Pestomarinade, bis auf 1 Esslöffel, vermengen. Alles etwa 1 Stunde durchziehen lassen.

4. Die Tomaten waschen, halbieren und die Stielansätze entfernen. Das Basilikum waschen und trockenschütteln. Die Blättchen von den Stielen zupfen. Einige schöne Blättchen beiseite legen, die restlichen fein hacken.

5. Den Joghurt mit dem Quark glatt rühren. Die Tomaten mit dem fein gehackten Basilikum unter den Kartoffelsalat mengen. Eventuell noch einmal abschmecken. Die Joghurtsauce als Klecks auf den Salat geben. Das restliche Pesto spiralförmig auf die Sauce geben und mit den übrigen Basilikumblättchen garnieren.

Feuriger Glasnudelsalat mit Putenbrust

Für 4 Personen • Zubereitungszeit: ca. 45 Minuten
Pro Portion 140,3 kcal • 13,0 g KH • 3,5 g Fett • 23,3 % Fettkalorien

100 g Glasnudeln
200 g Putenbrust
1 kleiner Kohlrabi
2 Möhren
1 große Zwiebel
1 EL Sojaöl
Salz, Pfeffer
Sambal Oelek
süße Sojasauce
Worcestersauce
Tabasco

1. Die Glasnudeln in kochendes Wasser legen und etwa 5 Minuten ohne weiteres Kochen ziehen lassen. Die Nudeln sofort in ein Sieb schütten, abtropfen lassen, mit kaltem Wasser abschrecken und mit der Küchenschere in mundgerechte Stücke schneiden.

2. Die Putenbrust in sehr feine Streifen schneiden. Den Kohlrabi, die Möhren und die Zwiebel schälen, waschen und ebenfalls in sehr feine längliche Streifen schneiden.

3. Das Sojaöl in einer beschichteten Pfanne erhitzen und die Putenbruststreifen darin kurz bei starker Hitze anbraten. Das Gemüse hinzufügen und zusammen mit dem Fleisch bissfest garen. Mit Salz und Pfeffer würzen und noch heiß unter die Glasnudeln mischen.

4. Den Salat mit Sambal Oelek, süßer Sojasauce, Worcestersauce und einigen Tropfen Tabasco scharf-würzig abschmecken. Anschließend abkühlen lassen und servieren.

< Kartoffelsalat mit Bärlauch

- 1 kg fest kochende Kartoffeln
- 200 ml Gemüsebrühe
- Salz, schwarzer Pfeffer aus der Mühle
- 1 TL Senf
- 5 EL Weißweinessig
- 2 EL Sonnenblumenöl
- 100 g Bärlauch
- 1 Bund Kerbel
- 1 Bund Radieschen
- 1 Zwiebel

Kartoffelsalat mit Bärlauch

Für 4 Personen • Zubereitungszeit: ca. 1 Stunde

Pro Portion 246,0 kcal • 38,3 g KH • 6,5 g Fett • 23,7 % Fettkalorien

1. Die Kartoffeln waschen, mit der Schale kochen, noch heiß pellen und in dünne Scheiben schneiden. Die Brühe erhitzen und sofort unter die Kartoffelscheiben mischen.

2. Aus Salz, Pfeffer, Senf, Essig und Öl eine Salatsauce rühren, unter die Kartoffeln mischen und ca. 30 Minuten ziehen lassen.

3. Den Bärlauch und den Kerbel putzen, waschen und trockenschütteln. Den Bärlauch in feine Streifen schneiden und den Kerbel fein hacken. Die Radieschen waschen, putzen und vierteln. Die Zwiebel abziehen und würfeln.

4. Den Bärlauch, den Kerbel, die Radieschen und die Zwiebel unter den Salat mischen und alles noch weitere 15 Minuten durchziehen lassen.

Putensalat „American Style"

Für 4 Personen • Zubereitungszeit: ca. 40 Minuten
Pro Portion 295,2 kcal • 24,7 g KH • 8,0 g Fett • 24,4 % Fettkalorien

400 g Putenbrustfilet

3 EL flüssiger Honig

2 EL Tomatenmark

1 TL Paprikapulver, edelsüß

schwarzer Pfeffer aus der Mühle, Salz

1 kleiner Kopf Radicchio

1 Kopf Lollo biondo

1 Mango

$^{1}/_{2}$ Bund Frühlingszwiebeln

300 g Joghurt (1,5 % Fett)

Saft von 1 Orange

3 – 4 Spritzer Tabasco

20 g Cashewkerne

1 EL Sonnenblumenöl

1. Das Putenbrustfilet waschen und trockentupfen und in Streifen schneiden. 2 Esslöffel Honig, das Tomatenmark, Paprika, Pfeffer und Salz verrühren. Das Fleisch zufügen und darin marinieren.

2. Inzwischen die Salate waschen, putzen und trockenschleudern. Den Radicchio in feine Streifen schneiden. Den Lollo biondo in mundgerechte Stücke zupfen. Die Mango waschen, das Fruchtfleisch vom Stein schneiden, schälen und in Stücke oder Scheiben schneiden. Die Frühlingszwiebeln waschen, putzen und in feine Streifen schneiden.

3. Für das Dressing den Joghurt, den Orangensaft und den restlichen Honig verrühren, mit Salz, Pfeffer und Tabasco abschmecken. Die Cashewkerne fein hacken und in einer beschichteten Pfanne ohne Fettzugabe goldgelb rösten.

4. Das Öl in einer beschichteten Pfanne erhitzen und die Putenfleischstreifen von allen Seiten goldbraun braten. Die Blattsalate, die Mango und die Frühlingszwiebeln vermengen und auf 4 Tellern anrichten. Das noch warme Fleisch darauf verteilen und das Dressing darüber geben. Zum Schluss den Salat mit den Cashewkernen bestreuen.

Kartoffelsalat mit Krabben und Fenchel

Für 4 Personen • Zubereitungszeit: ca. 45 Minuten
Pro Portion 259,0 kcal • 27,8 g KH • 7,5 g Fett • 25,9 % Fettkalorien

600 g fest kochende Kartoffeln

Salz

300 g Fenchel

1 Bund Petersilie

2 EL Sherryessig

Zucker

weißer Pfeffer aus der Mühle

2 EL Olivenöl

4 EL Gemüsebrühe

300 g ausgelöstes Krabbenfleisch

1. Die Kartoffeln waschen und mit Schale in Salzwasser etwa 25 Minuten kochen.

2. Den Fenchel putzen, waschen und einen Teil des Fenchelgrüns zum Garnieren beiseite legen. Die Petersilie waschen, trockenschütteln und die Blättchen grob hacken. Den Fenchel in kochendes Salzwasser geben und in 10 bis 15 Minuten bissfest garen.

3. Eine Vinaigrette aus Sherryessig, Salz, Zucker, Pfeffer, Olivenöl und 4 Esslöffel Gemüsebrühe in einer Schüssel anrühren.

4. Den Fenchel aus dem Kochwasser nehmen, kalt abschrecken und in $^1/_2$ Zentimeter breite Streifen schneiden. Die Kartoffeln mit kaltem Wasser abschrecken. Pellen, in Scheiben schneiden und mit dem Fenchel zur Vinaigrette geben. Etwa 6 Esslöffel vom Fenchelwasser dazugeben und alles gut vermischen.

5. Den Salat mit Salz, Pfeffer und Essig abschmecken und die Petersilie untermischen. Auf Tellern anrichten, die Krabben darauf verteilen und mit dem Fenchelgrün garnieren.

< **Kartoffelsalat mit Krabben und Fenchel**

1 kg Weißkohl

150 g magere Schinkenwürfel, z. B. Schinken-Nuggetz von Reinert

1 Zwiebel

5 EL Weißweinessig

Zucker

gemahlener Kümmel

Salz, schwarzer Pfeffer aus der Mühle

1 EL Rapsöl

Krautsalat mit Schinkenwürfeln

Für 4 Personen • Zubereitungszeit: ca. 1 Stunde • Zeit zum Durchziehen: ca. 2 Stunden
Pro Portion 309,5 kcal • 43,0 g KH • 8,5 g Fett • 24,7 % Fettkalorien

1. Den Weißkohl putzen, halbieren und den Strunk herausschneiden. Dann den Kohl vierteln und quer zur Wuchsrichtung die Blätter mit einem großen Messer in möglichst dünne Streifen schneiden oder auf dem Krauthobel oder mit der Küchenmaschine hobeln.

2. Den Kohl etwa 3 Minuten in kochendes Wasser geben, danach mit eiskaltem Wasser abschrecken und sofort auf einem Sieb abtropfen lassen.

3. Die Schinkenwürfel in einer beschichteten Pfanne ohne Fett knusprig braten. Die Zwiebel abziehen und sehr fein würfeln, mit Essig, etwas Zucker, Kümmel, Salz und Pfeffer verrühren.

4. Den Krautsalat mit den Schinken-Nuggetz und der Essigsauce verrühren und mindestens 2 Stunden durchziehen lassen.

5. Kurz vor dem Servieren das Öl unterrühren und den Salat eventuell noch nachwürzen.

Spinatsalat mit Putenfleisch

Für 4 Personen • Zubereitungszeit: ca. 40 Minuten
Pro Portion 165,3 kcal • 4,5 g KH • 3,8 g Fett • 20,4 % Fettkalorien

4 Putenschnitzel à 100 g

Salz, schwarzer Pfeffer aus der Mühle

2 TL Sonnenblumenöl

400 g junger Blattspinat

1 Bund Radieschen

200 g braune Champignons

Zitronensaft

2 kleine rote Zwiebeln

2 1/2 EL Kräuteressig

Zucker

je 1/2 Bund Schnittlauch, glattblättrige Petersilie und Kerbel

1. Die Putenschnitzel kalt abwaschen, trockentupfen und mit Salz und Pfeffer würzen. 1 Teelöffel Öl in einer beschichteten Pfanne erhitzen und die Schnitzel darin von jeder Seite etwa 4 Minuten braten. Die Schnitzel herausnehmen, etwas abkühlen lassen und in Würfel schneiden.

2. Den Spinat verlesen, waschen und gut trockenschütteln. Die Radieschen putzen, waschen, trockenreiben und in dünne Scheiben schneiden. Die Champignons putzen und ebenfalls in dünne Scheiben schneiden. Die Pilze sofort mit etwas Zitronensaft beträufeln. Die Zwiebeln abziehen und in kleine Würfel schneiden. Alle vorbereiteten Salatzutaten in einer großen Schüssel vermischen.

3. Den Essig mit etwas Zucker, Salz, Pfeffer und 1 Teelöffel Öl in einer kleinen Schüssel verrühren. Die Kräuter unter kaltem Wasser abwaschen und trockenschütteln. Den Schnittlauch in Röllchen schneiden, die restlichen Kräuter feinhacken. Alles unter die Salatsauce mischen. Die Salatsauce unter den Salat mengen und servieren.

100 g geschälte TK-Garnelen

175 g Langkornreis

2 EL Rapsöl

1 EL Weißweinessig

Salz, weißer Pfeffer aus der Mühle

Zucker

100 g gekochter Schinken ohne Fettrand

200 g TK-Erbsen

Reissalat mit Garnelen

Für 4 Personen • Zubereitungszeit: ca. 30 Minuten • Kühlzeit: ca. 1 Stunde

Pro Portion 302,8 kcal • 40,8 g KH • 7,5 g Fett • 22,4 % Fettkalorien

1. Die Garnelen bei Zimmertemperatur auftauen lassen. Den Reis nach Packungsanweisung garen, in einem Sieb abtropfen lassen und mit kaltem Wasser abspülen.

2. Das Öl mit dem Essig, Salz, Pfeffer und einer Prise Zucker verrühren. Den Reis in eine Salatschüssel geben und mit der Marinade vermengen.

3. Den Schinken in kleine Würfel schneiden und mit den Erbsen und den Garnelen unter den Reis mischen. Vor dem Servieren den Salat für etwa 1 Stunde in den Kühlschrank stellen.

Produktbezeichnung	Menge (g)	Energie (kcal)	Fett (g)	Kohlenhydrate (g)	kcal aus Fett (%)
Fleisch und Wurstwaren					
Frikifrisch Putenschnitzel	100	101	1,0	0,0	8,91
Hühnchenbrust	100	99	1,0	0,0	9,09
Putenbrust	100	105	1,0	0,0	8,57
Reinert Schinken Nuggetz extra mager	100	133	6,0	1,0	40,60
Rinderfiletsteak	100	121	4,0	0,0	29,75
Schinken ohne Fettrand	100	145	2,9	0,0	18,00
Tatar	100	113	3,0	0,0	23,89
Getreideprodukte					
Brandt Markenzwieback	100	394	6,0	74,0	13,71
Ebly Original Zartweizen	100	351	1,7	71,9	4,36
Gerste	100	318	1,9	63,3	5,38
Grünkern	100	327	2,4	63,3	6,61
Gutena Filinchen Ballaststoff Active Knusper-Brot	100	377	5,7	70,7	13,61
Gutena Filinchen Vital Knusper-Brot	100	392	5,8	71,6	13,32
Haferflocken	100	375	6,3	63,3	15,12
Roggenbrot	100	228	0,9	47,6	3,55
Weizenmehl Type 405	100	338	0,9	70,9	2,40
Weizentoastbrot	100	265	4,0	48,1	13,58
Reis, Nudeln					
Nudeln eifrei	100	362	1,2	75,2	2,98
Reis parboiled	100	344	0,5	78,4	1,31
Vollkornnudeln	100	343	3,0	64,0	7,87
Milchprodukte					
Bueko Aktiv Natur	100	80	0,8	4,0	9,00
Joghurt 1,5 %	100	53	1,5	5,6	25,47
Kondensmilch 4 %	100	128	4,1	13,3	28,83
Loose Frühstückskäse	100	113	0,4	0,0	3,19
Loose kleiner Roller	100	113	0,5	0,1	3,98
Sahne 10 %	100	127	9,4	4,1	66,61
Saure Sahne	100	117	10,0	3,7	76,92
Speisequark mager	100	78	0,2	4,0	2,31
Zott Zottarella leicht	100	165	8,5	1,0	46,36
Eier, Fett, Nüsse					
Distelöl	100	899	94,9	0,0	95,01
Hühnerei	100	167	10,6	0,7	57,13

Produktbezeichnung	Menge (g)	Energie (kcal)	Fett (g)	Kohlenhydrate (g)	kcal aus Fett (%)
Eier, Fett, Nüsse (Fortsetzung)					
Hühnereigelb	100	377	30,3	0,3	72,33
Olivenöl	100	926	94,6	0,0	91,94
Pinienkerne	100	674	60,0	20,5	80,12
Würzmittel					
Hengstenberg Weißweinessig	100	20	0,0	6,7	0,00
Kikkoman Sojasauce	100	62	0,9	6,9	13,06
Klare Gemüsebrühe	100	286	17,1	17,1	53,81
Kraft Miracel Whip Joghurt	100	153	11,0	12,0	64,71
Senf süß	100	125	4,0	6,0	28,80
Tomatenketchup	100	100	0,1	25,0	0,90
Tomatenmark	100	39	0,5	5,5	11,54
Salatsaucen					
Knorr Salatkrönung für klare Kräuter-Sauce Französische Art	100	288	2,0	49,0	6,25
Maggi Salat mit Pfiff Joghurt-Kräuter	100	260	1,0	55,0	3,46
Süßigkeiten					
Haribo Goldbären	100	340	0,0	78,0	0,00
Katjes Lakritz-Batzen	100	329	0,1	76,0	0,27
Katjes Yoghurt-Gums	100	320	0,4	77,0	1,13
Löffelbiskuit	100	400	0,0	80,0	0,00
Nappo	100	391	6,7	81,4	15,42
Neukircher Wild Berries	100	393	7,4	71,9	16,95
Piasten Schokolinsen	100	442	14,0	76,0	28,51
Samba Schaumküsse	100	366	9,0	68,0	22,13
Knabbergebäck					
Griesson Leicht & Cross Grissini Classic	100	389	7,0	69,0	16,20
Gutena Filinchen Brot-Cracker Knoblauch	100	397	6,8	75,7	15,42
Gutena Filinchen Brot-Cracker Schinken	100	393	5,4	76,5	12,37
Gutena Filinchen Brot-Cracker Zwiebel	100	394	6,9	74,6	15,76
SCHIPPS - Paprika	100	438	14,0	73,0	28,77
SCHIPPS - salted	100	438	14,0	73,0	28,77
XOX Apfelchips	100	300	0,9	72,0	2,70
XOX Big Stixx Pfeffer	100	408	4,9	75,6	10,81
XOX Big Stixx Sesam	100	417	8,2	73,5	17,70
XOX Big Stixx Zwiebeln	100	402	4,9	74,5	10,97

Rezept-verzeichnis

SIE LEGEN JETZT LOS? WOLLEN IHRE ZIELE MIT LOW FETT 30 SCHAFFEN?

Schauen Sie doch mal ins Internet und besuchen Sie unsere Homepage, hier bekommen Sie Rat und Hilfe, oft schon nach wenigen Minuten.

Da finden Sie weitere Bücher zum Thema oder begleitende Artikel wie unsere Hypnose-CD und auch Küchenartikel wie die Dauer-Brat- und Backfolie zum fettfreien, knusprigen Braten. Über unsere verschiedenen Foren können Sie Gleichgesinnte treffen ... vielleicht ist der nächste LOW FETT 30-Stammtisch ja ganz in Ihrer Nähe. Hier finden Sie auch die Termine und Adressen unserer über 100 Abnehmgruppen in ganz Deutschland. Wir freuen uns auf Sie.

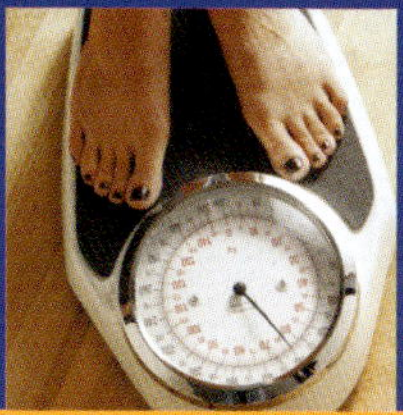

> Mehr über LOW FETT 30 > Tipps und Tricks > Frage-Antwort-Foren > Bücher, Rezepte und noch viel mehr

www.lowfat.de

LOW FETT 30-GmbH & Co. KG
Volksgartenstr. 85
41065 Mönchengladbach
fon: 02161 47957-0 fax: 02161 47957-77

LOW FETT
max. 30% der Gesamtkalorien aus Fett

Der Text dieses Buches entspricht den Regeln der neuen deutschen Rechtschreibung.

ISBN 3 517 06826 8

Umschlaggestaltung: Therese und Horst Rothe, Niedernhausen

Redaktion: Sandra Reich, Anja Halveland

Fotos: Michael Brauner: 5, 12/13, 18, 26, 31, 32, 39, 46, 53, 59; Amos Schliack: 1, 2, 8, 10, 12, 13, 15, 17, 21, 22, 25, 29, 35, 37, 40, 43, 45, 51, 54, 57

Satz: Filmsatz Schröter, München

Reproduktion: Arthilitho, Trento

Druck: Těšínská tiskárna, Český Těšín

Printed in the Czech Republic

817 2635 4453 6271